# Gott liebt Dich so sehr

Astrid Bauer

Gott liebt Dich so sehr
von Astrid Bauer


Umschlaggestaltung und Satz: Tobias Knipp
Foto: Ewald Orlovski

Verlag: Astrid Bauer
c/o Glory Life Zentrum
Karl-Benz-Str. 3
70794 Filderstadt
kontakt@astrid-bauer.de



Bibelzitate sind, sofern nicht anders angegeben, folgenden Übersetzungen entnommen:
Neues Leben © 2002
Elberfelder Bibel © 2005 © 2008

Druck: epubli ein Service der neopubli GmbH, Berlin

2. Auflage Juni 2016

# Inhalt

# Vorwort

Nachdem ich nun bereits 9 Jahre lang das Vorrecht hatte, Astrid Bauer als Pastor zu begleiten, kann ich aus ganzem Herzen bestätigen: Astrid liebt Gott und die Menschen mit einer erfrischenden und entwaffnenden Liebe, die schon viele Herzen bleibend berührt und verändert hat!

So kann ich dieses Buch nur jedem von ganzem Herzen empfehlen, der Hunger nach dem Echten hat, nach einer realen Begegnung mit einem realen Gott, nach Wahrheit, die trägt, und vor allem nach der reinen, selbstlosen Liebe, die in Christus zu finden ist!

Genießen Sie, wie Astrid Bauer zu Ihnen spricht durch diese Zeilen - so authentisch als würde sie in diesem Moment direkt vor Ihnen stehen –und öffnen auch Sie Ihr Herz für diese wunderbare, ewige Liebe, die Astrids Leben für immer verändert hat - und auch Ihr Leben tiefgreifend berühren und verändern möchte!

Georg Karl, Pastor Glory Life Zentrum,
Filderstadt bei Stuttgart
www.glorylife.de

Liebe Leserin, lieber Leser,

dein himmlischer Vater sehnt sich nach deiner Gemeinschaft und er möchte dir all' seine Liebe schenken. 48 Jahre meines Lebens wollte ich von Gott nichts wissen, habe ich ohne ihn gelebt. Im Dezember 2005 hat er mein Herz tief berührt und dadurch hat sich mein ganzes Leben wunderbar verändert.

Dieses Buch zeigt dir, wie gut Gott, unser Vater, ist. Es ist keine Theorie die du in diesem Buch liest, nein, ich lebe dieses wunderschöne Leben mit Gott, meinem Vater und erlebe täglich seine übergroße Liebe.

**GOTT IST LIEBE**

Seine Liebe ist die wahre Wirklichkeit.

Ich kann nur noch Danke sagen für diesen wunderbaren Vater, für seine tiefe und große Liebe, für all' das was ich mit ihm erlebe und was er Gutes in meinem Leben bewirkt.

Ich freue mich, dass du kostbare Person dieses Buch liest. Dieses Buch ist kein Buch für deinen Verstand, es ist ein Buch für dein Herz. Lese es mit deinem Herzen und lasse dein Herz zu dir sprechen.

# Gott liebt Dich so sehr

Gott liebt dich so sehr. Ja dich, genau dich liebt er so sehr. Seine Liebe für dich ist so groß, so stark, so tief und so mächtig. Dein himmlischer Vater liebt dich, dein ganzes Leben lang und bis in alle Ewigkeit. Seine Liebe für dich endet niemals, niemals lässt er dich alleine, niemals verlässt er dich.

Abba, lieber Vater, wie tief ist das und wie wunderschön. Abba, lieber Papa, dein Vater bis in alle Ewigkeit. Dein Schutz, deine Burg, unendlich geliebt von deinem Vater, Abba, lieber Vater. Voller Vertrauen kannst du auf deinem himmlischen Vater schauen und ihm immer vertrauen, immer auf ihn schauen, er liebt dich, er liebt dich, er liebt dich.

Die Liebe deines himmlischen Vaters für dich ist so groß. Du kannst diese Liebe nicht mit deinem Verstand erfassen. Du kannst Gott nicht mit deinem Verstand erfassen und du kannst auch sein Wort, die Bibel, nicht mit deinem Verstand erfassen. Für den Verstand ist das was in der Bibel steht eine Torheit, denn der Verstand erkennt es nicht.

*Obwohl die Welt von der Weisheit Gottes durchdrungen ist, konnte sie ihn durch ihre Weisheit nicht finden. Gott hat eine Botschaft, die unsinnig erscheint, dazu benutzt, alle zu retten, die daran glauben.*

(1.Korinther 1,21)

Bis heute ist diese Liebe für mich unfassbar, noch immer staune ich über diese Gnade. Sie ist für mich ein großes Wunder und sie erfüllt mich mit großer Freude und Dankbarkeit.

Dein himmlischer Papa liebt dich ganz und gar, mit Haut und Haar, er liebt dich so wie du bist, ja, gerade so wie du in diesem Moment bist. Egal, was du getan hast, egal wie du aussiehst, egal ob du arm oder reich bist, klein oder groß, dick oder dünn. Bei Gott gibt es kein Ansehen der Person, er liebt dich so wie du bist.

*Denn Gott bevorzugt niemanden.*

(Römer 2,11)

Kannst du das annehmen? Kannst du das von ganzem Herzen glauben? Oder geht es dir – wie es mir bis Dezember 2005 gegangen ist – dass du noch nie von Gottes übergroßer Liebe für dich gehört hast? Dass er sich danach sehnt, mit dir Gemeinschaft zu haben? Dass er einfach nur das Beste für dich will.

*Wir haben erkannt wie sehr Gott uns liebt, und wir glauben an seine Liebe. Gott ist*

*Liebe, und wer in der Liebe lebt, der lebt in Gott und Gott lebt in ihm.*

(1. Johannes 4,16)

Im Dezember 2005, als ich zum ersten Mal hörte, dass Gott mich so sehr liebt, war ich darüber total erstaunt und konnte es fast nicht glauben. Ja, erst mit 48 Jahren habe ich zum ersten Mal davon erfahren, dass Gott mich liebt. Heute sage ich: Wie schade, dass ich so lange Zeit seine Liebe nicht erkannt und ohne meinen himmlischen Vater gelebt habe. Gott hat mich mein ganzes Leben lang geliebt und hat sich nach mir gesehnt. Ich habe ihn nicht erkannt, weil ich ihn nicht erkennen wollte.

Gott sei Dank gibt es bei unserem himmlischen Papa nicht nur überreiche Liebe, sondern auch überreiche Gnade und vollkommene Vergebung. Er hat mir alles vergeben, was ich Unfreundliches über ihn gesagt habe – und das war einiges -, dass ich mich total von ihm abgewandt habe und gar nichts von ihm wissen wollte.

*Aber der Herr war freundlich und gnädig! Er hat mich erfüllt mit Glauben und mit der Liebe von Jesus Christus.*

(1.Timotheus 1,14)

Diese Gnade und diese vollkommene Vergebung gibt es nicht nur für mich, sondern auch für dich.

# Die Zeit ohne Gott

Wie kam es dazu, dass ich nach so langer Zeit, ja ich kann fast sagen, nach beinahe einem halben Leben Gottes übergroße Liebe für mich erkannte? Dazu muss ich etwas weiter „ausholen“: Mein Vater war ein sehr religiöser Mann, der jeden Sonntag den Gottesdienst besuchte. Schon von Kindesbeinen an „durften“ wir – meine Schwester und ich – ebenfalls jeden Sonntag zum Gottesdienst mit kommen.

In meiner Teenagerzeit rebellierte ich dagegen, aber es gab niemals eine Ausnahme: Ich „durfte“ immer mit. Je älter ich wurde, desto weniger wollte ich in den Gottesdienst. Oftmals hatten wir auf dem Weg zum Gottesdienst Streit, weil ich heftig dagegen protestierte. Was passierte? Ich saß im Gottesdienst, wollte überhaupt nicht dort sein, ich war wütend, bockig und stinkig und fand alles total ätzend und langweilig. Zudem durfte man dort nicht lachen, man musste schön leise sein, durfte – wenn überhaupt - nur flüstern, musste still und brav dasitzen. Alles war so ernst, so bedrückend, so freudlos und es wurde viel von Sünde und Unwürdigkeit gesprochen.

Auch Jesus mit seiner Dornenkrone, der leidend am Kreuz hing, trug nicht zu meiner Auferbauung bei.

Heute habe ich erkannt, dass mein leiblicher Vater mich zu Gott hinführen und mir damit etwas Gutes geben wollte. Nur war es leider nicht die richtige „Methode“. Ich war der Meinung, Gott sei streng, strafend, unnahbar, leidend und fern von jeder Freude. Und dann hing Jesus mit seiner Dornenkrone auch noch so leidend am Kreuz und hatte solch' ein schreckliches Ende erlitten.

Irgendwie verursachte mir das Kreuz an dem Jesus hing Unbehagen. Ich hatte Angst, dass es mir auch so wie ihm ergehen könnte und das wollte ich wirklich nicht. Nein, von all' dem hatte ich die Nase gestrichen voll, das brauchte ich nicht, das war weder auf erbauend noch ermutigend. Als ich mit 18 Jahren volljährig wurde, wollte ich von Gott nichts mehr wissen und ging auch in keinen Gottesdienst mehr. Kam jemand mit Gott oder der Bibel, habe ich die Flucht ergriffen. Ich habe auch über Gott nicht sehr freundlich gesprochen. Das was in der Bibel steht habe ich nicht verstanden und als Blödsinn abgetan.

*Obwohl die Welt von der Weisheit Gottes durchdrungen ist, konnte sie ihn durch ihre Weisheit nicht finden. Gott hat eine Botschaft, die unsinnig erscheint, dazu benutzt, alle zu retten, die daran glauben.*

(1.Korinther 1,21)

Kirchlich geheiratet habe ich dann aber trotzdem, ganz in Weiß in einem schönen romantischen Brautkleid; das gehörte einfach zum Heiraten dazu. Gott wollte ich zwar nicht, aber sicherheitshalber... Auch meine Kinder wurden getauft und konfirmiert. Gott wollte ich zwar nicht, aber meine Kinder wollte ich trotzdem nicht ungetauft und unkonfirmiert lassen, sicherheitshalber...

So lebte ich viele viele Jahre ohne Gott und war der Meinung, ich brauche Gott nicht, es geht auch gut ohne ihn. Aber irgendwie – irgendetwas fehlte in meinem Leben. Ich wusste nicht was und suchte es, wie viele andere Menschen auch, im Äußeren. Trotz vieler Unternehmungen und Aktivitäten war mit der Zeit alles fade und schal, es war eh' doch immer das Gleiche, die echte Freude fehlte. Noch mehr Klamotten, tolle Urlaube, noch mehr Schmuck und so weiter und so fort. Immer mehr, immer größer, immer teurer und trotzdem wuchs die Unzufriedenheit. All' das brachte nur kurzzeitig Freude und dann war alles wieder so wie vorher. Es fehlte irgendwie immer noch etwas. Nur was?

Es war wie ein Hauch der nicht zu fassen war. Ein Gefühl, das kann doch nicht alles gewesen sein. Nicht immer bewusst suchend, aber doch immer auf der Suche. Unzufriedenheit, die nagte, aber nicht zu definieren war.

Natürlich hätte ich dies niemals vor anderen Menschen zugegeben. Auch vor mir selbst habe ich dies nur in wenigen Momenten zugegeben, es dann aber schnell wieder verdrängt.

1995 landete ich mit meinem Mann in der Esoterik. Wir gingen einmal wöchentlich in ein Meditationszentrum; hier wurden Meditationen angeboten um zu sich zu finden, sich selbst zu entdecken und zur Ruhe zu kommen und das tat uns zu diesem Zeitpunkt gut. Dort wurde von weißem Licht und göttlicher Energie gesprochen, das fand ich schön; göttliche Energie und weißes Licht, damit konnte ich mich arrangieren. Irgendwie war die Vorstellung von weißem Licht und göttlicher Energie angenehm, irgendwo war da eine Sehnsucht nach mehr, aber von Gott selbst wollte ich immer noch nichts hören und nichts wissen.

Mein Mann und ich gingen einige Jahre in dieses Meditationszentrum. Doch auf einmal merkte ich, dass es für mich nicht mehr stimmig war, dass es nicht mehr weiterging, dass es immer dasselbe war und dass es mir nichts mehr brachte. Ich ging dann nicht mehr dorthin und vermisste auch nichts. Mein Mann ging noch ein Jahr alleine zur Meditation, aber es brachte ihm auch nicht mehr viel und wir beide überlegten: Wo gibt es mehr? Wo finden wir das „mehr“? Wo könnten wir denn hingehen, vielleicht in ein anderes Meditationszentrum?

Wo geht es weiter? Mein Mann sagte immer: Es muss doch noch etwas geben wo es weitergeht, es muss doch noch mehr geben. Ich konnte ihm darauf immer nur antworten: Aber wo und wie? Ich weiß es auch nicht. Letztendlich gingen wir dann nirgendwo mehr hin, weil wir wirklich nicht wussten, wo wir das finden konnten, was wir suchten. Wir wussten ja beide selbst nicht, was wir eigentlich suchten.

Ich wurde immer unzufriedener, begann schon verbittert zu werden, verlor meine fröhliche und optimistische Lebensart. Wie einfach fiel es mir früher herzhaft und ausgiebig zu lachen. Auch dieses Lachen hatte ich fast verloren. Ich hatte eine Maske aufgesetzt. Meinen Mitmenschen spielte ich weiterhin einen fröhlichen und optimistischen Menschen vor. Aber ob sie es mir auch geglaubt haben? Das was innen ist, kommt nach außen, d.h. man sah es mir auch an. Für mich war das Leben grau, fade, schwer und langweilig. Ich war der Meinung, so wie mir geht es auch vielen anderen Menschen, so ist das Leben halt, eigentlich geht es mir doch ganz gut. Zudem hörte ich auch von den Menschen die ich kannte und mit denen ich mich unterhielt nichts anderes.

Probleme, Sorgen wurden gewälzt und besprochen, Angst gesät und geerntet. Wir haben alle unser Joch zu tragen. Das Leben ist nun mal kein Zuckerschlecken, so ist das halt nun mal. Warum soll es dir anders gehen als uns?

Man muss froh sein, wenn man einigermaßen über die „Runden“ kommt. Nur nicht zu hoch hinaus, denn: hoch gestiegen, tief gefallen. Lieber nicht zu viel vom Leben erwarten, dann kann man auch nicht zu sehr enttäuscht werden.

War das ein angenehmes, gutes und freudiges Leben?

# Meine erste Begegnung mit Gott

Im Dezember 2005 besuchte ich – obwohl ich von Gott nichts wissen wollte – den Gottesdienst einer Freikirche. Wie kam es nach 48 Jahren dazu?

Ich hatte bei einem Wirtschaftsseminar Menschen kennen gelernt, die anders waren als die Menschen, die ich bisher kennen gelernt hatte. Menschen voller Lebens-freude, total herzlich, die Ruhe und Frieden ausstrahlten. Man spürt, ob jemand nur so tut als ob. Und ich spürte, dass das was diese Menschen ausstrahlten, was sie sprachen, wie sie sich gaben, vollkommen echt war. Es war keine vorgetäuschte Freude, keine geheuchelte Herzlichkeit, es war authentisch, es kam aus ihrem Inneren heraus.

Als wir am Abend zusammen saßen ergab es sich, dass wir auf Gott zu sprechen kamen. Diese Menschen erzählten davon, wie Gott ihr Leben verändert hat und wie sie die Gegenwart Gottes durch Heilung von Krankheiten und übernatürlicher Versorgung erlebt haben. Na ja dachte ich, jetzt reden die auch noch über Gott, aber ich bin ja tolerant und lasse sie einfach erzählen, ich lasse ihnen ihren Glauben; ich glaube eh' nicht an so was.

Irgendwann wurde mir das ganze doch zu bunt und ich legte ihnen meine Ansicht zu Gott dar. Ich ging in Abwehrstellung, weil ich darauf gefasst war, dass es jetzt sicher eine Auseinandersetzung geben würde wegen meiner Ansichten über Gott. Jedoch: Keiner schaute mich schief an, keiner regte sich darüber auf, keiner versuchte mich zu bekehren und keiner „haute mir die Bibel auf den Kopf". Das fand ich total gut. Sie nahmen mich ohne Kritik und ohne Unmut einfach so an wie ich damals war und waren weiterhin voller ungeheuchelter Herzlichkeit zu mir.

Das alles hat mich dann doch nachdenklich gemacht:

diese wirkliche echte Freude
diese spürbare Liebe zu mir
dieses volle Leben das aus ihnen herauskam
sie machten keinen gewalttätigen Bekehrungsversuch
sie haben mich angenommen so wie ich damals war
sie hatten etwas, das ich nicht hatte und das sie total anziehend machte
und dann noch, irgendwie, all' das was sie Gutes mit Gott erlebt hatten, das war schon heftig und vor allem ganz anders als das was ich bisher über Gott kannte und wusste.

Ich konnte es nicht fassen, dass Menschen, die an Gott glauben so wie diese Menschen sein sollen: fröhlich, voller Liebe und auch noch erfolgreich. Das sprengte meinen Verstand, ich konnte das alles miteinander

nicht unter einen Hut bringen. Von Christen hatte ich eine ganz andere Vorstellung...
Irgendwie hatte mich das alles dann doch neugierig gemacht und im Dezember 2005 ging ich – gemeinsam mit meinem Mann – zum Gottesdienst einer freien Gemeinde. Schon am Eingang wurden wir freundlich und herzlich begrüßt, empfing uns Lachen und Reden,es war dort nicht ernst, still, bedrückend und schweigsam. Dort war Leben, dort war Freude und eine Atmosphäre, in der ich mich sofort wohl fühlte. Ganz anders als ich das von früher kannte.

Der Gottesdienst begann, der Pastor kam, er strahlte übers ganze Gesicht, breitete seine Arme aus und begrüßte alle mit den Worten: Guten Morgen, Ihr Allerbesten und er sagte noch viele andere wunderschöne und wohltuende Worte. Ich weiß den Wortlaut nicht mehr, ich weiß nur noch, dass es mir unendlich gut tat und dass dies noch nie jemand zu mir gesagt hatte. Es war so schön, dass ich mich fragte, ob ich auch wirklich richtig gehört hatte. Ich spürte und wusste zugleich voller Bestimmtheit: Das sind nicht einfach nur Floskeln, der meint das wirklich ernst was er sagt, es ist für ihn die Realität.

Der Lobpreis begann – auch ganz anders als ich ihn kannte –wunderschöne Lieder voller Freude mit total auf erbauendem und ermutigendem Inhalt. Auf einmal – mitten im Lobpreis – berührte mich etwas ganz sanft und ganz tief in meinem Herzen und ich wusste plötzlich:

**DAS IST GOTT**

Tief in meinem Herzen wusste ich mit einem Schlag, jetzt habe ich das gefunden, was ich immer gesucht habe. Gottes Liebe überwältigte mich total, ich weinte vor lauter Glück und ich wusste, ich bin endlich angekommen, bei Gott ist mein Platz, hier gehöre ich hin. Es war so herrlich und so befreiend. Und damit begann meine wunderbare und übernatürliche Reise ins Reich Gottes, hinein in ein neues wunderschönes Leben voller Freude, voller Liebe und voller Frieden.

# Endlich angekommen

Am Pfingstsonntag 2006 nahm ich Jesus endgültig in mein Leben auf. Damit endete mein altes Leben und mein neues Leben in Christus begann.

*Das bedeutet aber, wer mit Christus lebt,*
*wird ein neuer Mensch. Er ist nicht mehr*
*derselbe, denn sein altes Leben ist vorbei.*
*Ein neues Leben hat begonnen!*
(2. Korinther 5,17)

Es dauerte seine Zeit, bis ich Gott vollkommen vertraute. Wie oft wurde ich in meinem Leben schon enttäuscht - vielleicht ist es dir auch schon so ergangen – und ich war schon etwas skeptisch und misstrauisch. Ich fragte mich, ob das mit Gott wirklich so „funktioniert", ob er wirklich nur das Beste für mich will, ob er mich wirklich so sehr liebt, ob ich ihm wirklich ganz und gar vertrauen kann, ob es wirklich so schön mit ihm ist und ob nicht doch noch irgendwo ein „Haken an der ganzen Sache mit Gott" ist. Je mehr ich Gott kennen lernte, umso mehr erkannte ich:

Ja, es „funktioniert" mit Gott,
ja er will nur das Beste für mich,
ja, er liebt mich wirklich so sehr,
ja ich kann ihm wirklich ganz und gar vertrauen,

ja, es ist wirklich so schön mit ihm so schön, dass ich
es gar nicht in Worte fassen kann
und
nein, es gibt absolut keinen „Haken an der
Sache mit Gott".

Ein Leben mit Gott bedeutet nicht Stillstand, es bedeutet Leben, überfließendes Leben. Dieses Leben führt mich immer weiter in seine Herrlichkeit hinein, es geht immer tiefer. Nie hätte ich mir vorstellen können, dass dieses Leben mit Gott so gigantisch ist, dass er ein solch' wunderbarer Vater ist.

# Der Himmel feiert ein Fest

Kennst du das Gleichnis vom verlorenen Sohn?

*Und Jesus erzählte ihnen auch folgendes Gleichnis: „Ein Mann hatte zwei Söhne. Der jüngere Sohn sagte zu seinem Vater: ‚Ich möchte meinen Erbteil von deinem Besitz jetzt schon haben'.*

*Da erklärte der Vater sich bereit, seinen Besitz zwischen seinen Söhnen aufzuteilen.*

*Einige Tage später packte der jüngere Sohn seine Sachen und ging auf Reisen in ein fernes Land, wo er sein ganzes Geld verprasste. Etwa um die Zeit, als ihm das Geld ausging, brach in jenem Land eine große Hungersnot aus, und er hatte nicht genug zu essen. Da überredete er einen Bauern, ihm Arbeit zu geben, und er durfte seine Schweine hüten. Der junge Mann war so hungrig, dass er die Schoten, die er an die Schweine verfütterte, am liebsten selbst gegessen hätte. Aber niemand gab ihm etwas.*

*Schließlich überlegte er und sagte sich: ‚Daheim haben die Tagelöhner mehr als genug zu essen, und ich sterbe vor Hunger! Ich will zu meinem Vater nach Hause gehen und sagen: Vater, ich habe gesündigt, gegen den Himmel und auch gegen dich, und ich bin es nicht mehr wert, dein Sohn zu heißen. Bitte stell mich als einen deiner Tagelöhner ein.'*

*So kehrte er zu seinem Vater nach Hause zurück. Er war noch weit entfernt, als sein Vater ihn kommen sah. Voller Liebe und Mitleid lief er seinem Sohn entgegen, schloss ihn in die Arme und küsste ihn. Sein Sohn sagte zu ihm: ‚Vater, ich habe gesündigt, gegen den Himmel auch gegen dich, und ich bin es nicht mehr wert, dein Sohn zu heißen.' Aber sein Vater sagte zu den Dienern: ‚Schnell! Bringt die besten Kleider im Haus und zieht sie ihm an. Holt einen Ring für seinen Finger und Sandalen für seine Füße. Und schlachtet das Kalb, das wir im Stall gemästet haben, denn mein Sohn hier war tot und ist ins Leben zurückgekehrt. Er war verloren, aber nun ist er wieder gefunden.' Und ein Freudenfest begann.*

(Lukas 15, 11-24)

Genau solch ein Freudenfest wurde im Himmel gefeiert als ich in meine wahre Heimat zurückgekehrt bin. Jeder im Himmel freut sich wenn ein Mensch, in seine wahre Heimat zurückkehrt. Es ist ein Festtag und es herrscht Jubel und Freude über jeden einzelnen Menschen, der nach Hause kommt. Ich war tot und wurde wieder lebendig; ich kehrte ins wahre Leben, in meine wahre Heimat zurück.

# Mein herrliches Leben mit Gott

Gott führte mich und meinen Mann in eine Gemeinde, in der es weder Druck noch Zwang noch Heuchelei gibt. Dort ist Gottes Gegenwart- seine Liebe, seine Freude und sein tiefer Frieden - mächtig zu spüren und zu erleben, denn hier hat Gott die Regie übernommen.

Ich begann – gemeinsam mit meinem Mann - den Sonntags-Gottesdienst zu besuchen, es zog mich förmlich dort hin. Ich war ganz begierig darauf, das Evangelium, die gute Nachricht, zu hören. Ich sog diese geistliche gute Nahrung förmlich in mich auf. Ich war wie ein ausgetrockneter Schwamm, der endlich Wasser bekam. Unter der geistlichen Leiterschaft unseres Pastors lernte ich Gott immer mehr kennen, ich blühte richtig auf und es ging mir immer besser und besser. Noch heute gehen mein Mann und ich in diese Gemeinde. Wir sind so dankbar für diese göttliche Gemeinde und die Gemeinschaft mit den kostbaren Menschen die dort sind.

Danke für den allerbesten Pastor und seine wunderbare Ehefrau, die Gott für diese Gemeinde gesetzt hat. Sie haben sich ganz und gar Gott hingegeben und gehen uns als großes Vorbild voraus. Sie leben das, was sie predigen.

Ich lernte Gott, meinen Papa, kennen, fing an zu glauben, fing an ihm zu vertrauen. Je weiter ich mit ihm ging, je mehr ich ihn erkannte, je mehr ich seine Liebe zu mir erkannte, je mehr ich die Gewissheit hatte, ja, ich kann meinem Vater vertrauen, je mehr ich mich ihm hingab, desto besser ging es mir.

*Ich habe Ihnen die Herrlichkeit geschenkt,*
*die du mir gegeben hast, damit sie eins sind,*
*wie wir eins sind – ich in ihnen und du in*
*mir, damit sie alle zur Einheit vollendet*
*werden. Dann wird die Welt wissen, dass du*
*mich gesandt hast, und wird begreifen, dass*
*du sie liebst, wie du mich liebst.*

(Johannes 17, 22,23)

Es ist solch' ein herrliches Leben mit Gott und in Gott. Es ist ein völlig neues Leben. Ein wunderschönes Leben voller Genuss, voller Freude, voller Liebe, voller Frieden und es ist einfach und leicht. Die vollkommene Erfüllung unseres Lebens finden wir, wenn wir uns dieser Liebe bedingungslos hingeben. Denn diese Liebe hat das Beste für uns im Sinn; sie hat das Beste für uns vorbereitet.

*Und wir werden von ihm bekommen, was*
*immer wir erbitten, weil wir ihm gehorchen*
*und tun, was ihm Freude macht.*

(1. Johannes 3,22)

Das ist keine Sache des Verstandes und nicht abhängig davon wie intelligent jemand ist. Gott und das was man Wunderschönes mit Gott erleben kann, das kann ich dir nicht beschreiben. Das musst du selbst erleben. Gott ist nicht tot, er ist lebendig, quicklebendig, voll von Leben und voll von überfließender Liebe. Diese Liebe macht mich immer jünger, man sieht es mir auch äußerlich an. Ich werde älter an Jahren, aber innerlich und äußerlich immer jünger. Ich bin voller Dankbarkeit und voller Freude, dass Gott in mein Leben getreten ist, dass ich ihn erkannt, angenommen und aufgenommen habe.

Gott gehört einfach zu meinem Alltag, mit ihm ist es nie langweilig, nie öde oder fade. Mit ihm ist alles so wunderschön, ich weiß es und ich spüre es: Ich bin total geliebt, total geborgen und beschützt; es ist einfach genial und unbeschreiblich schön. Es gibt keine Worte, die das ausdrücken können, wie wunderbar diese innige Gemeinschaft mit meinem Papa ist. Er ist in jeder Sekunde für mich da.

*Aber es ist passiert, wie es in der Schrift heißt: Kein Auge hat je gesehen, kein Ohr je gehört und kein Verstand je erdacht, was Gott für diejenigen bereithält, die ihn lieben.*

(1.Korinther 2,9)

Das ist nicht nur mir vorbehalten, ich bin auch nicht

das einzige Lieblingskind meines Vaters, nein, Gott liebt jeden Menschen so unendlich stark. Jeder der möchte, kann Gottes Herrlichkeit erfahren und erleben, kann dieses göttliche und übernatürliche Leben erleben und leben. Das ist die absolute Wahrheit, ich erlebe es jeden Tag. Ich will alles von meinem Papa und er wird mir alles geben, weil ich es mir wünsche und von ganzem Herzen will. Damit meine ich nicht nur Materielles, sondern ich will ihn in seiner ganzen Fülle immer mehr kennen.

Das ist es, was dein Vater für dich möchte: Er möchte, dass du sein zufriedenes und glückliches Kind bist. Du ruhst an seiner Brust und lachst vor Freude und Glück. Denn du weißt voller Gewissheit: Mein Vater lässt mich nicht fallen, an seiner Brust geht es mir bestens, da bin ich geborgen, behütet und beschützt und nichts und niemand kann mir schaden. Und was ist, wenn es ein Unwetter gibt, wenn es donnert, blitzt und hagelt, das bedeutet, wenn Umstände in deinem Leben sind, die sich groß machen wollen? Dann kuschelst du dich noch enger an seine Brust, „verkriechst" dich in deinem Vater, lässt dich von ihm streicheln, lässt dich von ihm lieben.

*Fürchte dich nicht, denn ich bin mit dir.*
*Habe keine Angst, denn ich bin dein Gott!*
*Ich stärke dich, ja, ich helfe dir, ja, ich halte*
*dich mit der Rechten meiner Gerechtigkeit.*

(Jesaja 41,10)

Meinst du jetzt, dass ich abgehoben, so zu sagen „umgeistigt“, realitätsfern, nicht mehr ansprechbar und vielleicht sogar ein bisschen „verrückt“ bin? Weit gefehlt, ich bin hier, mitten im Leben, ich stehe fest, fester wie jemals zuvor in meinem Leben – egal was im Sichtbaren passiert -. Ich bin freudiger denn je, liebevoller denn je, gesünder denn je, klarer denn je, entschiedener denn je, ruhiger denn je, ich bin voller Frieden und stärker als jemals zuvor in meinem Leben.

Warum? Weil ich meinem geliebten Papa voll und ganz vertraue. Weil ich weiß, er wird mich niemals enttäuschen, er wird mich niemals verlassen. Er ist bei mir, egal was passiert. Und das macht mich so überaus stark, so ruhig und mein Leben so einfach und leicht.

*Ich bin überzeugt: Nichts kann uns von seiner Liebe trennen. Weder Tod noch Leben, weder Engel noch Mächte, weder unsere Ängste in der Gegenwart noch unsere Sorgen um die Zukunft, ja, nicht einmal die Mächte der Hölle können uns von der Liebe Gottes trennen. Und wären wir hoch über dem Himmel oder befänden uns in den tiefsten Tiefen des Ozeans, nichts und niemand in der ganzen Schöpfung kann uns von der Liebe Gottes trennen, die in Christus Jesus, unserem Herrn erschienen ist.*

(Römer 8, 38+39)

# Hingabe

Hingabe, ein Wort, mit dem du mich früher jagen konntest. Ich wollte mich niemals in meinem Leben irgendetwas oder jemanden hingeben. Ich war fest davon überzeugt, dass ich alles selbst am Allerbesten kann. Ich wollte alles selbst bestimmen und von niemandem abhängig sein, niemals, nein, ich nicht, niemals.

Ich gebe mich auch heute weder irgendeinem Menschen noch irgendwelchen Dingen hin. Ich habe mich und mein Leben Gott hingegeben. Das klingt für dich vielleicht superfromm, sehr religiös oder gar nach totalem Verzicht auf alles was Spaß macht. Aber das ist es überhaupt nicht. Im Gegenteil: Es ist Freude pur, es ist das pure Leben in völliger Freiheit und – mit allem was Spaß macht. Mein Herz hat sich einfach nach dieser Hingabe ausgestreckt. Ich habe es weder selbst erzwungen noch hat mich irgendeine Person, irgendeine Organisation oder irgend sonst wer oder was dazu gezwungen. Hingabe kann niemand erzwingen.

Gott hat jedem Menschen einen freien Willen gegeben und den achtet und respektiert er. Er wird niemals etwas tun, was du nicht willst. Und wenn ich mich ihm nicht hätte hingeben wollen, dann wäre dies auch nicht geschehen. Er will nichts was erzwungen oder unaufrichtig ist.

Ich habe immer die Wahl mich frei zu entscheiden. Papa's Liebe ist bedingungslos, er zwingt mich zu überhaupt gar nichts. Er will nur das haben, was ich ihm freiwillig und voller Freude gebe. Das ist wirkliche wahrhaftige und bedingungslose Liebe, das ist die Agapeliebe Gottes.

*Wir lieben, weil er uns zuerst geliebt hat.*

(1. Johannes 4,19)

Weißt du was das Obergeniale daran ist? Je mehr ich mich hingebe, je mehr ich los lasse umso freier werde ich, umso besser geht es mir und umso einfacher, leichter und schöner wird mein Leben. Wo gibt es das sonst? Ich bin meinem Papa hingegeben und bin trotzdem total frei. Und je mehr ich mich hingebe, umso freier werde ich und umso einfacher wird mein Leben. Das ist so gigantisch.

*Denn das Reich Gottes besteht nicht durch die Worte, mit denen man davon erzählt, es lebt durch die Kraft Gottes.*

(1.Korinther 4,20)

Klingt das für dich gegensätzlich und unvereinbar? Ist das für dich widersprüchlich? Hingabe, abhängig sein von Gott und es geht mir immer besser, ich werde immer freier, es wird alles einfach, leichter und schöner? Wenn dein Verstand jetzt raucht und dir diese Gedanken kommen, kann ich dich gut verstehen. Das ist aber die volle und totale Wahrheit. Bei Gott ist alles entgegengesetzt dem wie wir es kennen, entgegengesetzt all' unseren bisher gemachten Erfahrungen.

Das ist nicht mit dem Verstand zu erfassen, denn für den Verstand ist das zu krass. Aber dein Herz erkennt Gott.

*Jesus erwiderte: „Ich versichere dir: Wenn jemand nicht von neuem geboren wird, kann er das Reich Gottes nicht sehen.*

(Johannes 3,3)

## Gott liebt Dich so wie Du bist

Normalerweise tun uns Abhängigkeit und Bindungen nicht gut. Wenn wir von Menschen abhängig sind, uns an Sie binden, können wir enttäuscht werden und das tut weh. Ich bin in meinem Leben schon öfters von Menschen enttäuscht worden. Du auch?

Was passiert, wenn ein Partner den anderen verlässt? Enttäuschung, Kränkung macht sich breit, weil doch nicht alles so wunderbar war wie es den Anschein hatte oder man sich selbst eingeredet hat. Der Verlassene versteht nicht, warum der Partner gegangen ist. Es war doch alles so schön, wir waren doch immer „ein Herz und eine Seele". All' die Pläne die wir noch hatten.... Kein Mensch kann lebenslang den Vorstellungen eines anderen Menschen genügen. Kein Mensch kann sich andauernd so verhalten wie der andere ihn gerne hätte. Und wenn er das versucht? Dann ist das ein total fremd-gesteuertes Leben, nein, kein Leben, ein Existieren, ein Funktionieren, nur um dem Partner zu gefallen, nur um geliebt zu sein. Das ist erkaufte Liebe. Ich verhalte mich so, wie du willst, wie es dir gefällt und du liebst mich dafür. Was für ein unendlich hoher Preis.

Ist das wahre, reine Liebe?

„Warum machst du das nicht für mich? Zeige mir, dass du mich noch liebst. Wenn du mich wirklich lieben würdest, würdest du das was ich jetzt will, für mich tun.

Du liebst mich eben nicht mehr.“ Liebe als Druckmittel – wie schrecklich. Und der andere tut unwillig Dinge, die er eigentlich nicht tun möchte, nur damit der „Frieden“ wieder im Haus ist. Ist das wahre, reine Liebe?

„Wie kann ich dich lieben, wenn du so aussiehst? Schau’ dich doch einmal an, wie kann ich dich denn lieben, wenn du so dick bist, so viele Falten, so kleine Brüste, solch’ einen Bauch hast? „Grausam – Liebe, die abhängig gemacht wird von Äußerlichkeiten. Ist das wahre, reine Liebe?

Frauen und Männer gehen zum Schönheitschirurgen, lassen sich die Haut straffen, Fett absaugen, um sich die Liebe ihres Partners zu erhalten, um dem „Schönheitsideal“ des Partners zu entsprechen oder weil sie hoffen, dass dadurch die Liebe ihres Partners zu ihnen neu angefacht wird. Ist das wahre, reine Liebe?

Manche Menschen würden alles tun nur um die „Liebe“ ihres Partners nicht zu verlieren. Sie sind total unglücklich, harren aber aus, weil sie meinen verloren zu sein wenn der Partner geht. Ist das wahre, reine Liebe?

Menschliche Liebe ist immer abhängig von Umständen, Stimmungen und Äußerlichkeiten, z.B. nein jetzt hat mich mein Partner also wirklich zu sehr geärgert, jetzt ist er zu weit gegangen, gerade kann ich keine Liebe für ihn empfinden, ja gerade hasse ich ihn. Die Liebe, die Freude, der Frieden verschwindet; Wut, Hass, Bitterkeit machen sich breit. Ist das wahre, reine Liebe?

Gott sagt dir niemals: Warum machst du das nicht für mich? Liebst du mich nicht mehr? Er zwingt dir niemals etwas auf. Er liebt dich einfach immer weiter, er liebt dich genauso wie du jetzt bist; er sieht auf dein Herz. Gott stellt an dich keine einzige Bedingung. Er liebt dich einfach, er liebt dich so sehr. Gott zwingt niemanden zu etwas. Er hat jedem Menschen einen freien Willen gegeben und den respektiert und achtet er. Er wird dir niemals seinen Willen aufzwingen, er wird niemals deinen Willen übergehen, um seinen Willen durchzusetzen. Du bist total frei in ihm.

Gott liebt dich bedingungslos, egal ob du dick oder dünn, alt oder jung bist, viele oder wenige Falten, zu kleine oder zu große Brüste hast, egal ob du einen Waschbrett-Bauch, einen dicken Bauch, viele Haare oder eine Glatze hast. Er liebt dich so wie du bist mit allem Drum und Dran, eben genauso wie du jetzt bist. Er hat dich so wunderschön geschaffen. Du bist so herrlich, du bist so wertvoll und kostbar. Du bist niemals allein, seine Liebe ist immer mit dir und immer bei dir.

Auch wenn du seither nichts von ihm wissen wolltest, er hat dich trotzdem die ganze Zeit geliebt. **DU BIST GELIEBT. Gott liebt dich so sehr.**

*Ihr werdet die Wahrheit erkennen, und die Wahrheit wird euch frei machen.*
(Johannes 8,32)

Agapeliebe, das ist die Liebe Gottes, eine beständige, reine, klare und tiefe Liebe. Eine Liebe, die nur das Allerbeste für dich will, völlig frei von Eigennutz und Erpressung. Diese Liebe hat das Allerbeste für dich vorbereitet. Diese Liebe wartet auf dich, um dir wohl zu tun. Ich genieße diese Liebe. Es gibt in dieser Liebe nichts, wovor ich mich fürchten müsste, denn in der Liebe ist keine Furcht. Die Gegenwart Gottes ist spürbar und sie ist herrlich!

*Und unsere Liebe kennt keine Angst, weil die vollkommene Liebe alle Angst vertreibt.*
(1. Johannes 4, 17,18)

Diese Liebe ist so schön, so sanft, so zart, so liebevoll und gleichzeitig so stark, so tief und so mächtig. Diese Liebe kennt keine Schwäche. Ich bade in dieser Liebe, ich bin tief in diese Liebe eingetaucht. Das ist Wellness pur –jede Sekunde meines Lebens bis in alle Ewigkeit. Ich liebe es in meinem Vater zu versinken. Ich bin eins mit ihm; er ist in mir und ich in ihm.

*Ich bete für sie alle, dass sie eins sind, so wie du und ich eins sind, Vater – damit sie in uns eins sind, so wie du in mir bist und ich in dir bin und die Welt glaubt, dass du mich gesandt hast.*

(Johannes 17,21)

In Gott ist alles so wunderschön und klar. In ihm gibt es keine Zweifel, keine Angst, keine Unruhe und keine Fragen mehr. Unsere menschliche Sprache reicht nicht aus, um diese Liebe in Worte zu fassen. Ich kann dir Gott, seine Herrlichkeit, seine Liebe, das was er in mir bewirkt, nicht beschreiben. Gott ist nicht beschreibbar, er passt in kein Schema. Gott ist einfach Gott, allmächtig, allwissend, stark, voller Liebe, voller Freude, voller Gnade und voller Frieden. Man muss Gott einfach selbst erleben. Man lernt Gott nur wirklich und wahrhaftig kennen, wenn man sich für ihn entscheidet und sich wirklich auf ihn einlässt. Wenn er ein ehrliches Ja hat, dann kann er wirken. Wenn du dich für Gott entschieden hast und er dein Ja hat, dann lernst du seine tiefe Liebe zu dir kennen.

Gottes Liebe ist voll von Gnade und Vergebung. Ich hatte mich ja total von Gott abgewandt und wollte nichts, aber auch wirklich gar nichts von ihm wissen, habe ihn total ignoriert und aus meinem Leben verbannt. Heute weiß ich wie sehr ihn das geschmerzt hat.

Trotz allem hat er mich immer geliebt und hat mir seine Liebe in jenem Gottesdienst überdeutlich gezeigt. Er hat mir alles verziehen: Dass ich mich von ihm abgewandt habe, dass ich nichts von ihm wissen wollte, dass ich mich teilweise über ihn lustig gemacht habe, dass ich wirklich nicht gerade freundlich über ihn geredet habe. Alles, wirklich alles hat er mir vergeben.

*Denn die Gnade Gottes ist erschienen,*
*heilbringend für alle Menschen.*

(Titus 2,11)

Diese übergroße Liebe ist für mich bis heute ein totales Wunder, das mein Verstand überhaupt nicht erfassen kann. Sie erfüllt mich mit übergroßer Freude, Dankbarkeit und Liebe zu meinem Vater.

*Was kann man noch dazu sagen? Wenn Gott für uns ist, wer kann da noch gegen uns sein? Gott hat nicht einmal seinen eigenen Sohn verschont, sondern hat ihn für uns alle gegeben. Und wenn Gott uns Christus gab, wird er uns mit ihm dann nicht auch alles andere schenken?*

(Römer 8,31+32)

# Das Liebeswerk von Jesus Christus

Diese Liebe hat ihren Sohn, Jesus Christus, hingegeben für jeden einzelnen Menschen auf dieser Welt, damit jeder – ohne Ausnahme – diese Erlösung, die Jesus bewirkt hat, in Anspruch nehmen kann. Leider ist das den wenigsten Menschen in dieser Welt bewusst und viele tragen ein Joch, das sie gar nicht mehr tragen müssten.

*Jedoch unsere Leiden – er hat sie getragen, und unsere Schmerzen – er hat sie auf sich geladen. Wir aber, wir hielten ihn für bestraft von Gott geschlagen und niedergebeugt. Doch er war durchbohrt um unserer Vergehen Willen, zerschlagen um unserer Sünden willen. Die Strafe lag auf ihm zu unserem Frieden und durch seine Striemen ist uns Heilung geworden.*

(Jesaja 53,4+5)

Diese Erlösung ist für viele Menschen noch keine Realität in ihrem Leben, weil sie die Bedeutung dessen, was Jesus Christus für jeden Menschen bewirkt hat, nicht kennen, weil es ihnen noch niemand gesagt hat. Sie haben Gott noch nicht erkannt und Jesus

Christus noch nicht als den Herrn ihres Lebens angenommen und stehen somit unter dem Joch des alltäglichen Lebens.

Warum willst du ein Joch tragen, das dir nicht mehr gehört? Vor 2000 Jahren wurde alles für dich vollbracht. Alles geschah aus Liebe, aus reiner klarer und göttlicher zu dir. Nimm' dieses Liebeswerk für dich in Anspruch.

So wenige Menschen haben Erkenntnis darüber, was der Tod Jesu am Kreuz für sie und ihr Leben bedeutet; dass er für jeden - nicht nur für einige Auserwählte oder einige Menschen die sich besonders angestrengt haben ihm zu gefallen - ans Kreuz ging. Jeder ist Jeder– ohne Ausnahme. Er hat niemanden, keinen einzigen Menschen vergessen.

Jesus ist für alle Menschen, für jeden einzelnen Menschen, egal in welcher Ecke der Erde er lebt, egal welche Hautfarbe hat, egal welche Nationalität er hat, ans Kreuz gegangen und hat für jeden, FÜR JEDEN einzelnen Menschen alles, ALLES, getragen.

*Damit erfüllte sich das Wort Gottes, das der Prophet Jesaja gesprochen hatte: „Er nahm unsere Leiden auf sich und er trug unsere Krankheiten".*

(Matthäus 8,17)

Eine solch unendliche Liebe, die ihren Sohn, Jesus Christus, uns hingegeben hat. Ja, er hat Jesus, seinen geliebten Sohn, auch für **dich** hingegeben.

Und Jesus? Jesus hatte auch eine Wahl. Er hätte weiterleben können, er musste nicht ans Kreuz gehen, sein Vater hätte ihn niemals dazu gezwungen.

Er ging freiwillig aus Liebe zu seinem Vater und aus Liebe zu dir ans Kreuz. Jesus hat sich ganz und gar für dich hin-gegeben, damit du, wenn du ihn aufgenommen hast, erlöst und befreit bist.

Keiner seiner Verfolger hätte ihn festnehmen können, sie hätten ihn nicht ans Kreuz schlagen können, wenn Jesus es nicht zugelassen hätte.

*Niemand kann es mir nehmen. Ich gebe es freiwillig hin. Ich habe die Macht es hinzugeben, und ich habe die Macht, es wieder zu nehmen. Denn mein Vater hat mir diesen Auftrag gegeben.*

(Johannes 10,18)

(Anmerkung: Mit es meinte Jesus sein Leben)

Was hat Jesus für dich erwirkt? Er hat alles Negative und Schlechte das aus der Finsternis gekommen ist, auf sich genommen: Krankheit, Ängste, Furcht, Sorgen, Minderwertigkeit, Flüche, Armut, Not, Gebundenheit, Unfreiheit, Zerrissenheit, Hass, Zorn,

Wut, Aggression, Besessenheit.

Er hat es für dich getragen, damit du frei davon sein kannst. Alles hat er für dich auf sich genommen, egal wie klein oder wie groß es dir erscheinen mag.

Alles ist alles, nicht nur ein Teil. Alles bedeutet alles ohne Ausnahme.

*Jedoch unsere Leiden – er hat sie getragen, und unsere Schmerzen – er hat sie auf sich geladen. Wir aber, wir hielten ihn für bestraft, von Gott geschlagen und niedergebeugt. Doch er war durchbohrt um unserer Vergehen Willen, zerschlagen um unserer Sünden willen. Die Strafe lag auf ihm zu unserem Frieden und durch seine Striemen ist uns Heilung geworden.*

(Jesaja 53,4+5)

Alles hat er am Kreuz auf sich genommen, damit du es nicht mehr tragen musst. Sein Herz war bewegt; aus Liebe zu dir hat er alles für dich erlitten.

Jesus hat für dich das größte Liebeswerk vollbracht, das es jemals auf Erden gegeben hat. Wenn du ihn in dein Leben aufgenommen hast, bist du vollkommen erlöst, vollkommen frei gemacht.

*Ja, ich bin das Tor. Wer durch mich hineingeht, wird gerettet werden. Wo er auch hinkommt, wird er grüne Weiden finden. Ein Dieb will rauben, morden und zerstören. Ich aber bin gekommen, um ihnen das Leben in ganzer Fülle zu schenken.*

(Johannes 10,9+10)

Es gibt Menschen, die der Meinung sind, dass sie auch heute noch mit Jesus „mitleiden“ müssten, dass sie ein guter Christ sind, wenn es ihnen im Leben so richtig schlecht geht.

Andere wiederum sind der Überzeugung, dass Gott ihnen Schlechtes gibt, sie bestraft oder ihnen sogar Krankheiten schickt, weil sie Fehler gemacht oder gesündigt haben, damit sie daraus etwas lernen.

Das alles ist eine große Lüge, denn das würde das gesamte Liebeswerk Jesu zunichte machen.

*Gott sandte seinen Sohn nicht in die Welt, um sie zu verurteilen, sondern um sie durch seinen Sohn zu retten.*

(Johannes 3, 17)

Wieso und für was wäre dann Jesus freiwillig für die gesamte Menschheit ans Kreuz gegangen?

Warum gab Gott seinen einzigen überaus geliebten Sohn, Jesus Christus, für alle Menschen hin? Warum ging Jesus freiwillig für alle Menschen ans Kreuz? Warum hat Jesus ALLES für jeden einzelnen Menschen getragen?

Warum hat Jesus diese Schmerzen, diese Qual, diese Marter auf sich genommen?

Damit sein Vater, Gott, den Menschen nach diesem allumfassenden Erlösungs- und Liebeswerk Schlechtes gibt, sie bestraft, ihnen Krankheiten schickt, damit sie etwas lernen oder gar verlangt, dass sie Jesu Leiden nochmals durchleben müssen? Wie schrill ist denn das?

Wenn Gott so handeln würde, hätte er damit dieses wunderbare Liebes- und Erlösungswerk total aufgehoben. Meinst du Gott und Jesus Christus, Vater und Sohn, machen solchen Blödsinn, bauen solchen Mist?

Der Vater und sein Sohn sind eins. Wie kann jemand der eins mit dem anderen ist, genau das Gegenteil dessen tun, was der andere getan hat? Das geht überhaupt nicht. Einssein bedeutet total miteinander verbunden zu sein, total ineinander aufzugehen. Gott und Jesus sind eins, untrennbar ineinander verschmolzen und es war ihr gemeinsamer Herzenswunsch, dass alle Menschen auf der Erde erlöst sind.

*Ich bete für sie alle, dass sie eins sind, so wie du und ich eins sind, Vater.*

(Johannes 17,21)

Ein bisschen Einssein und ein bisschen Nichteinssein – so ein Wischiwaschi - gibt es bei Gott und bei Jesus nicht. Gott und Jesus sind entschieden. Total entschieden für dich. Total entschieden in ihrer übergroßen Liebe zu dir.

Jesus ist in die Hölle hinab gestiegen und hat den Teufel für dich besiegt. Er ist nach drei Tagen als Sieger und unumschränkter Herrscher in Herrlichkeit wieder auferstanden.

*Jesus Christus, unser Herr, wurde als Sohn Gottes bestätigt, indem Gott ihn mit großer Macht durch den Heiligen Geist von den Toten auferweckte.*

(Römer 1,4)

Das Kreuz bedeutet nicht die Niederlage Jesu, sondern den überwältigenden Sieg von Jesus Christus über die Mächte der Finsternis. Er hat diesen Sieg für dich errungen.

Jesus Christus, er ist der Herr der Herren, der König der Könige,

Sein Liebeswerk hat

| | | |
|---|---|---|
| das Minus - | in ein | Plus + verwandelt |
| Krankheit | in | Gesundheit |
| Hass | in | Liebe |
| Bitterkeit | in | Freude |
| Angst | in | Mut |
| Furcht | in | Kühnheit |
| Minderwertigkeit | in | Sohn-Bewusstsein |
| Sorgen | in | Sorglosigkeit |
| Bedrückung | in | Freude |
| Armut | in | Reichtum |
| Gebundenheit | in | Freiheit |
| Zerrissenheit | in | Entschiedenheit |
| Schwäche | in | Stärke |
| Zorn | in | Frieden |
| Besessenheit | in | Freiheit |
| Unvergebenheit | in | Vergebung |
| Unruhe | in | Frieden |

## ER HAT DICH VOLLKOMMEN ERLÖST

Jesus hat das vollkommene Erlösungswerk für dich vollbracht. Es war ein vollkommenes Liebeswerk, eine Liebestat für dich persönlich. Nimm' es für dich in Anspruch.

Was machst du mit deinen Kindern, die du liebst, wenn sie Fehler machen oder ungehorsam sind? Gibst du ihnen Schlechtes, verfluchst du sie, brichst du ihnen einen Arm oder ein Bein, damit sie daraus etwas lernen? Dazu sagst du sicherlich: Das ist doch kompletter Blödsinn, das macht doch niemand mit seinen Kindern, das ist ja krank. Ja, du hast vollkommen Recht.

Was tust du? Du nimmst deine Kinder in den Arm, tröstest sie, hilfst ihnen, lehrst sie, und gibst ihnen die Gewissheit: Du kannst mit allem zu mir kommen, ich bin bei dir, ich helfe dir jederzeit, ich stehe dir zur Seite und ich stärke dich. Du möchtest, dass es deinen Kindern überaus gut geht und du bist immer bereit, sie zu trösten, ihnen zu helfen und ihnen zu verzeihen.

Merkst du was? Menschen trauen wir solche grausamen Dinge nicht zu, aber Gott, der reinen und bedingungslosen Liebe, trauen wir so etwas Schreckliches zu.

Gott ist die LIEBE und die Liebe vergibt, heilt, tut gut, tröstet und verströmt sich. Die Liebe, Gott, gibt sich dir hin, sie tut dir so wohl, sie will das Allerbeste für dich.

*Ein Dieb will rauben, morden und zerstören. Ich aber bin gekommen, um ihnen das Leben in ganzer Fülle zu schenken.*

(Johannes 10,10)

Gott ist dein Vater und du bist sein geliebtes Kind. Was wird er dir Schlechtes tun? Gott möchte seine geliebten Kinder trösten, ihnen helfen, ihnen zur Seite stehen, sie trösten, sie heilen und ihnen verzeihen, wenn sie Blödsinn gemacht haben.

Lies diesen wunderbaren Psalm 91; das ist sein Versprechen an all' diejenigen, die ihn zum Herrn ihres Lebens machen. Diese Gewissheit gibt dir unendliche Ruhe und unendlichen Frieden:

*„Wer im Schutz des Höchsten lebt, der findet Ruhe im Schatten des Allmächtigen. Der spricht zu dem Herrn: Du bist meine Zuflucht und meine Burg, mein Gott, dem ich vertraue.*

*Denn er wird dich vor allen Gefahren bewahren und dich in Todesnot beschützen. Er wird dich mit seinen Flügeln bedecken, und du findest bei ihm Zuflucht. Seine Treue schützt dich wie ein großes Schild.*

*Fürchte dich nicht vor den Angriffen in der Nacht und habe keine Angst vor den Gefahren des Tages, vor der Pest, die im Dunkeln lauert, vor der Seuche, die dich am hellen Tag trifft.*

*Wenn neben dir auch Tausende sterben, wenn um dich herum Zehntausende fallen, kann dir doch nichts geschehen. Du wirst es mit eigenen Augen sehen, du wirst sehen wie Gott die Gottlosen bestraft.*

*Wenn der Herr deine Zuflucht ist, wenn du beim Höchsten Schutz suchst, dann wird das Böse dir nichts anhaben können, und kein Unglück wird dein Haus erreichen. Denn er befiehlt seinen Engeln, dich zu beschützen, wo immer du gehst. Auf Händen tragen sie dich, damit du deinen Fuß nicht an einen Stein stößt. Löwen und giftige Schlangen wirst du zertreten, wilde Löwen und Schlangen wirst du mit deinen Füßen niedertreten!*

*Der Herr spricht: »Ich will den erretten, der mich liebt. Ich will den beschützen, der auf meinen Namen vertraut. Wenn er zu mir ruft, will ich antworten. Ich will ihm in der Not beistehen und ihn retten und zu Ehren bringen. Ich will ihm ein langes Leben schenken und ihn meine Hilfe erfahren lassen.“*

Du wurdest erkauft mit dem Blut Jesu, weil du so wertvoll und kostbar und so sehr geliebt bist. Es ist Gottes Herzenswunsch, dass die Menschen ihn erkennen und alle Menschen erlöst sind von der Macht der Finsternis.

Was machst du, wenn du dir einen Herzenswunsch erfüllt hast? Wie gehst du damit um? Nehmen wir einmal an, dass du dir einen Herzenswunsch erfüllt und dir dein Traumauto, das viel kostet, gekauft hast. Was tust du mit deinem Traumauto, für das du sehr viel bezahlt hast? Rast du jetzt wie verrückt mit diesem Auto durch die Straßen, lässt dauernd den Motor auf Hochtouren laufen, rammst das Auto an Betonwände und gibst dein Bestes damit es ganz schnell kaputt geht?

NEIN, du pflegst dieses Auto, sorgst für Sauberkeit und Ordnung, wartest es regelmäßig, gehst vorsichtig mit ihm um, hegst und pflegst es, polierst es, damit es wunderschön glänzt, fährst damit umsichtig und besonnen und tust alles, dass dieses Auto nicht beschädigt wird. Du freust dich, wenn dein Traumauto wunderschön, glänzend und makellos vor dir steht.
Dein himmlischer Papa möchte dich hegen und pflegen, er möchte, dass es dir gut geht, sehr gut sogar. Er möchte dich führen, denn er weiß, wenn er

dich führen darf, wird dir alles gelingen.

*Vertraue von ganzem Herzen auf den*
*Herrn und verlass dich nicht auf deinen*
*Verstand. Denke an ihn, was immer du tust,*
*dann wird er dir den richtigen Weg zeigen.*
(Sprüche 3,5+6)

Er drängt sich dir nicht auf, er zwingt dir niemals seinen Willen auf. Er wartet darauf, dass du ihm dein Ja gibst. Er wartet darauf, dass du ihn kennen lernen und mit ihm leben möchtest.

# Der Heilige Geist, Dein Beistand und Tröster

Als Jesus dieses Liebeswerk für dich vollbracht hatte, hätte er sagen können: So, nun reicht es aber, jetzt ist es genug, ich habe wahrlich genug für jeden Menschen auf dieser Welt getan.

Jetzt schau' mal selber wie ihr zu Recht kommst, ich ruhe mich jetzt erst mal auf meinem Thron bei meinem Vater aus. Das habe ich wahrlich verdient, meine „Arbeit“ ist beendet. Das war ja alles wirklich anstrengend genug. Weil ich für dich gestorben bin und das wirklich nicht gerade angenehm war und ich für dich so sehr gelitten und so viel Leid ertragen habe, musst du jetzt das tun, was ich will.

Nein, Jesus erpresst dich nicht mit dem, was er für dich getan hat, er macht dich auch nicht zu seiner Marionette, damit du ja auch alles genau so tust, wie er es will. Er sagt auch nicht, schau' wie du alleine zu recht kommst.

Das ist für den Verstand unfassbar. Menschen würden sagen: Jetzt habe ich so viel für dich getan, alles für dich gegeben und jetzt erwarte ich aber dafür auch von dir, dass du alles für mich tust und mir alles gibst was ich will.

Aber du willst jetzt gar nichts von mir wissen, jetzt machst du einfach nicht das, was ich will. Das ist jetzt dein „Dankeschön" für meine großartige Tat und sie wären tief beleidigt, tief gekränkt und verletzt.

Doch Jesus ist einfach genial. Er handelte und reagierte nicht so wie ein Mensch es tun würde. Er handelte aus klarer, tiefer Liebe zu uns und gab uns noch mehr Gutes. Er ließ uns nicht alleine zurück. Er bat seinen Vater, uns den Heiligen Geist zu senden, der uns von innen heraus mit seiner Kraft stärkt.

*Und ich werde den Vater bitten und er wird euch einen anderen Ratgeber geben, der euch nie verlassen wird. Es ist der Heilige Geist, der in alle Wahrheit führt. Die Welt kann ihn nicht empfangen, denn sie sucht ihn nicht und erkennt ihn nicht. Ihr aber kennt ihn, weil er bei euch bleibt und später in euch sein wird.*

(Johannes 14,16+17)

Diese Worte sprach Jesus noch bevor er ans Kreuz ging. An Pfingsten vor 2000 Jahren erfüllte sich sein Versprechen und der Heilige Geist kam auf seine Jünger.
Diese Worte Jesu galten nicht nur für die Menschen die in dieser Zeit gelebt haben und „live" dabei waren. Nein, das ist heute so aktuell wie damals, Jesu Worte gelten bis in alle Ewigkeit.

Auch heute ist der Heilige Geist in und auf all' den Menschen, die Jesus in Ihr Leben aufgenommen haben. Der Heilige Geist ist der Geist Gottes und durch ihn wissen wir alles, was wir wissen müssen. Er lehrt uns über alles was wir an Weisheit benötigen und erbitten.

*Der Beistand aber, der Heilige Geist, den*
*der Vater senden wird in meinem Namen,*
*der wird euch alles lehren und euch an alles*
*erinnern, was ich euch gesagt habe.*

(Johannes 14, 26)

Er gibt uns Kraft und Stärke durch seine Salbung in uns und auf uns; er macht uns zu dem fähig, zu dem Gott uns berufen hat. Gott befähigt uns; wir müssen es nicht selbst tun, ER macht es.

*Befiehl dem Herrn deinen Weg und*
*vertraue auf ihn, so wird er handeln.*

(Psalm 37,5)

Als ich Jesus in mein Leben aufgenommen habe, ist der Heilige Geist in mich eingezogen und ich glaube daran, dass er es ist, der mich leitet und führt, der mir Impulse gibt, der mich auch warnt, wenn ich etwas tun will, was mir schaden könnte und der mir Offenbarung, Erkenntnis und Weisheit gibt.

Bin ich dadurch eine Marionette des Heiligen Geistes,

die alles tun muss was er will? Nein, das bin ich überhaupt nicht, denn ich habe immer die Möglichkeit mich für oder gegen das Wirken des Heiligen Geistes zu entscheiden. Ich bin total frei und das ist einfach herrlich.

Selbst wenn du dich gegen das Wirken des Heiligen Geistes, gegen seinen Impuls entscheidest, ist er nicht beleidigt mit dir und ist dir niemals böse deswegen. Er verdammt dich niemals, es gibt keine Verdammnis mehr für dich, du hast vollkommene Vergebung und überreiche Gnade.

*Er hat uns mit Gnade überhäuft und uns*
*Weisheit und Erkenntnis gegeben.*
(Epheser 1,8)

Du hast jederzeit die Möglichkeit umzukehren wenn du auf dem falschen Weg gegangen bist, ihn um Verzeihung zu bitten und schon geht es weiter. Er liebt dich!
Weißt du was ich festgestellt habe? Der Heilige Geist weiß es einfach besser als ich selbst, er hat das Allerbeste für mich und wenn ich auf ihn höre, ist es einfach total gut für mich.

# Gott sorgt für Dich

Wenn du Gott in dein Leben aufnimmst, dann ist er es, der für dich sorgt. Er sendet dir Impulse, die dich handeln lassen, er öffnet dir Türen, er schickt dir Menschen, Ideen, Gelegenheiten. Ist das nicht phantastisch?

*Befiehl dem Herrn deinen Weg und*
*vertraue auf ihn, so wird er handeln.*
(Psalm 37,5)

Gott macht es dir so unendlich einfach. Mit ihm gibt es keine Mühsal, keinen Kampf, bei Gott ist nichts kompliziert. Mit ihm ist alles so einfach und leicht. Das ist mit dem Verstand nicht zu erfassen und nicht zu ergreifen. Für den Verstand ist es unvorstellbar, weil die Erfahrungen, die wir bisher in unserem Leben gemacht haben, total anders waren und der Verstand nichts anderes kennt.

Gott kann man nicht erlernen oder studieren, Gott kann man nur wirklich und richtig kennen lernen, wenn man sich ihm hingibt und ihm von ganzem Herzen vertraut. Du gehörst niemanden außer Gott; er hat dich erschaffen nach seinem Ebenbild. Du bist sein Geschöpf, er ist dein Schöpfer und das was Gott erschuf war sehr gut.

Auch alle deine Sorgen, deine Probleme, deine Umstände, alles was dich drückt und belastet kannst du an ihn, deinen himmlischen Papa, abgeben. Er sorgt sich darum. Das macht dich total frei.

*Überlasst all eure Sorgen Gott, denn er sorgt sich um alles was euch betrifft.*
(1.Petrus 5, 7)

Und genauso wie es geschrieben steht, mache ich es: Ich werfe alle meine Sorgen und Probleme auf meinen Papa und habe dabei das allerbeste Leben. Er kann mir doch viel besser helfen als ich mir selbst, ich muss nicht mehr kämpfen; das ist doch so unendlich schwer. Das heißt nicht, dass ich jetzt immer faul auf meinem Sofa sitze, überhaupt nichts mehr tue und alle Umstände ignoriere. Ich weiß, dass diese Umstände da sind, aber sie leben mich nicht mehr. Ich bin nicht mehr unter den Umständen.

Der Geist Gottes, der Heilige Geist, hilft mir, die richtigen Entscheidungen zu treffen und zeigt mir, ob und wann ich etwas tun soll. Ich weiß, dass der Heilige Geist mich leitet und er das Beste für mich hat. Das gibt mir Ruhe, unendlichen Frieden und eine wunderbare Sicherheit.

*Ich bin der Weinstock; ihr seid die Reben. Wer in mir bleibt, und ich in ihm, wird viel Frucht bringen. Denn getrennt von mir könnt ihr nichts tun.*

(Johannes 15,5)

Wie wird die Rebe versorgt? Durch den Weinstock; sie ist mit ihm verbunden und kann unbeschwert wachsen und gedeihen. Genauso bist du, wenn du eins mit Gott bist, mit deinem himmlischen Vater verbunden und kannst unbeschwert wachsen und gedeihen.

Ich kann mich wie ein Kind verhalten und auf meinen Papa hören. Seine Hilfe ist die allerbeste. Du meinst ich bin naiv und weltfremd?

*Ich versichere euch: Wer nicht wie ein Kind glaubt, wird nicht ins Reich Gottes kommen.*

(Lukas 18,17)

Erinnerst du dich noch daran, wie es war ein Kind zu sein? Hast du einmal darüber nachgedacht, dass es nichts mehr zu essen geben könnte, dass dein Vater nicht genügend Geld verdient, dass er seine Arbeit verlieren könnte?

Nein, du kanntest diese Gedanken gar nicht, du kanntest keine Sorgen, es war für dich normal und ganz selbstverständlich, dass allen deinen Bedürfnissen begegnet war. Wenn du Kummer hattest bist du zu deiner Mama oder zu deinem Papa gegangen und hast dich trösten, streicheln, liebkosen lassen und die Welt war wieder in Ordnung für dich.

Und genauso kannst du zu deinem himmlischen Papa gehen und dich von ihm trösten, streicheln und liebkosen lassen.

*Ich lasse Euch ein Geschenk zurück –*
*meinen Frieden. Und der Friede, den ich*
*schenke, ist nicht wie der Friede, den die*
*Welt gibt. Deshalb sorgt euch nicht und*
*habt keine Angst.*

(Johannes 14,27)

Mit Gott zu leben, in ihm zu sein ist eine völlig andere Welt, eine neue Welt, die man nicht mit der Welt in der wir leben vergleichen kann. Erinnere dich daran was ich dir gesagt habe: Gott kann man nicht mit dem Verstand ergreifen, man muss ihn erleben. Gott ist nicht kompliziert. In seiner Liebe ist alles einfach. Seine Liebe, das ist alles verzeihende, schützende, Geborgenheit gebende, umhüllende reine und klare Agapeliebe.

Diese Liebe will nur das Allerbeste für dich, sie hat das Allerbeste für dich im Sinn, sie hat das Allerbeste für dich vorbereitet.

*Der HERR ist mein Hirte, ich habe alles, was ich brauche. Er lässt mich in grünen Tälern ausruhen, er führt mich zum frischen Wasser.*

*Er gibt mir Kraft. Er zeigt mir den richtigen Weg um seines Namens willen. Auch wenn ich durch das dunkle Tal des Todes gehe, fürchte ich mich nicht, denn du bist an meiner Seite.*

*Dein Stecken und Stab schützen und trösten mich. Du deckst mir einen Tisch vor den Augen meiner Feinde.*

*Du nimmst mich als Gast auf und salbst mein Haupt mit Öl. Du überschüttest mich mit Segen. Deine Güte und Gnade begleiten mich alle Tage meines Lebens, und ich werde für immer im Hause des Herrn wohnen.*

(Psalm 23)

Mein Papa trägt mir nichts nach, wenn ich mal' Blödsinn gemacht habe, er liebt mich, liebt mich, liebt mich, liebt mich so überreich und überfließend. Und das alles ohne dass ich etwas dafür getan habe. Ich habe mir dieses Liebeswerk und diese Liebe nicht durch viele Gebete, viel Gebettel, viel Fasten, durch Herumkriechen oder durch anstrengende Werke erarbeiten müssen. Gottes Gnade ist überreich. Er hat uns erlöst und uns seine Gnade geschenkt.

Er hat sich einfach so sehr gefreut, dass ich zu ihm gefunden habe, wieder nach Hause in meine wahre Heimat gekommen bin. Und seither gibt er, gibt er und gibt er. Gott ist der Geber und ich bin der Empfänger. Ja, das ist wirklich so. Ich musste nichts dafür tun, ich brauchte nur Ja zu sagen. Ja, Vater, ich will, dass du mein Leben übernimmst, Ja, Vater, ich will, dass du es machst. Ich sage immer noch Ja, ich will noch mehr, ich will noch tiefer hinein in das Reich Gottes gehen. Ich will alles haben, was mein Papa für mich hat, ich will, dass er mich ganz und gar übernimmt.

Der Vater schaut auf dein Herz und er wird es für dich machen. Er wird dir alles geben und er wird dich – wenn du es willst – immer tiefer in seine Liebe, in sein göttliches Leben in diese Herrlichkeit hineinführen. In seinem Reich ist Liebe, unendlicher Frieden und vollkommene Ruhe.
Die menschliche Sprache reicht überhaupt nicht aus, um diese Liebe, diesen Frieden zu beschreiben.

Ich will nichts anderes mehr als nur diese Liebe. Mein Ganzes Sein streckt sich mit jeder Faser, mit jeder Zelle, nach meinem Vater, nach seiner Liebe aus. Er ist mein Leben, er erfüllt mich. Es gibt nichts auf der ganzen Welt, das mir das geben kann, was mein himmlischer Papa mir gibt. Seine Liebe ist das Allerbeste was es auf der ganzen Welt gibt.

Diese Liebe ist es, die mich stärkt, die mich kräftigt, die mich mutig und kühn macht. Diese Liebe ist alles für mich, diese Liebe ist es, auf die ich höre, diese Liebe ist es, nach der ich mich ausrichte, diese Liebe ist es, die mein Maßstab ist, diese Liebe ist es, die mein Leben ist.

All' das ist nicht mit dem Verstand zu verstehen, nicht mit dem Verstand zu erkennen. Mein Herz hat diese Liebe erkannt und auch Dein Herz wird – wenn du dich mit deinem Herzen danach ausstreckst – diese Liebe erkennen.

*Ihr werdet die Wahrheit erkennen und die Wahrheit wird euch frei machen.*

(Johannes 8,32)

Ja, die Wahrheit Gottes macht frei. Gott ist Geist, ein großer und mächtiger Geist. Der stärkste und mächtigste Geist, den es im ganzen Universum gibt. Er hat seinem Sohn, die Herrschaft übertragen und ihm den Namen gegeben, der über allen Namen ist: Jesus Christus.

*Vor diesem Namen sollen sich die Knie aller beugen, die im Himmel und auf der Erde und unter der Erde sind.*

(Philipper 2,10)

Du erkennst den Vater, den Sohn und den Heiligen Geist nur mit deinem Herzen, niemals mit deinem Verstand. Du kannst auch nicht mit dem Verstand glauben, du kannst nur mit deinem Herzen glauben. Denn in deinem Herzen hast du die Gewissheit.

*Wir haben erkannt, wie sehr Gott uns liebt und wir glauben an seine Liebe. Gott ist Liebe und wer in der Liebe lebt, der lebt in Gott und Gott in ihm.*

(1.Johannes 4,16)

# Eine neue Welt

Vor Jahren gab es einmal einen Film: Ein paar Menschen erkannten, dass sie in der Welt, in der sie lebten, unfrei waren und von einer finsteren Macht beherrscht wurden. Sie wussten, dass es eine Welt gab die besser und schöner war als die Welt, in der sie momentan lebten. Das Regime, unter dem diese Menschen lebten, wusste von dieser besseren Welt, wollte aber nicht, dass alle Menschen davon erfahren und ihrer Herrschaft entkommen.

Mit allen Mitteln wurde versucht, die Menschen, die dieses Wissen hatten, daran zu hindern, zu entkommen. Doch die Menschen, die wussten, dass es ein anderes Leben gab und die sich danach sehnten, dieser Finsternis zu entkommen, gaben nicht auf und schafften es in diese bessere Welt zu gelangen.

Heute gibt es viele Filme oder Serien in denen andere Welten vorkommen. Nur zeigen diese Filme oftmals die negative Seite der geistlichen Welt, die den Menschen Unheil und Angst bringt. Es gibt zwei geistliche Welten: eine geistliche Welt, die dunkel, voller Furcht und Hass ist, das ist die Heimat des Teufels.

Es gibt aber auch eine geistliche Welt, die hell, voller

Liebe, voller Freude und voller Frieden ist, das ist das Reich Gottes.

Wir brauchen uns nicht vor der dunklen geistlichen Welt zu fürchten, denn das Licht, die Liebe, ist stärker als die Dunkelheit und die Dunkelheit muss weichen, wenn das Licht kommt.

*Furcht ist nicht in der Liebe, sondern die vollkommene Liebe treibt die Furcht aus, denn die Furcht hat Pein. Wer sich aber fürchtet, ist nicht vollendet in der Liebe.*

(1. Johannes 4,18)

Fragst du dich ob das nicht doch Phantasterei ist oder ob es diese Welt voller Liebe, voller Freude und voller Frieden wirklich gibt? Das wäre ja zu schön, ja das wäre ja fast so als ob es den Himmel auf Erden gäbe und das gibt es nicht. Oder doch?

Der Himmel auf Erden, das ist die wahre Wirklichkeit. Den Himmel auf Erden, den gibt es wirklich, das ist eine neue Welt voller Herrlichkeit, anders als alles was wir bisher gekannt haben. Jetzt ist die Zeit, in der wir in dieses wunderbare Reich Gottes tiefer wie jemals zu vor hinein gehen können, eine Zeit in der Gottes Gegenwart so präsent ist wie niemals zuvor, eine Zeit in der sich Gott uns offenbart, so wie er wirklich ist.

*Aber es ist passiert, wie es in der Schrift heißt: Kein Auge hat je gesehen, kein Ohr je gehört und kein Verstand je erdacht, was Gott für diejenigen bereithält, die ihn lieben.*

(1.Korinther 2,9)

Du kannst all' das nicht sehen, hast keine sichtbaren Beweise dafür? Wenn du Ja zu Gott sagst, wirst du dies sehen, spüren und erleben. Woher ich dies weiß? Weil ich es selbst sehe, selbst spüre, selbst erlebe und es ist unbeschreiblich herrlich und wunderschön.

Denke einmal darüber nach, was du alles nicht sehen kannst, du aber trotzdem daran glaubst bzw. davon total überzeugt bist, dass es diese unsichtbaren Dinge wirklich gibt.

Deine Gedanken z.B. kannst du nicht sehen, sie sind nicht sichtbar, doch sie sind da und du weißt, dass sie da sind, du weißt, dass du denkst und du weißt, was du denkst. Das was du denkst wirst du aussprechen und letztendlich auch danach handeln. Deine Gedanken sind unsichtbar und werden durch dein Reden und dein Handeln sichtbar.

Viele Menschen sind davon überzeugt, dass es verschiedene Strahlungen gibt und dass diese schädlich für sie sein können. Sie kaufen sich Amulette, Armbänder usw. die sie vor diesen Strahlungen schützen sollen.

Sie sehen nur das Amulett oder das Armband. Die Strahlung, die schädlich sein soll und der Schutz den das Amulett oder das Armband bewirken soll ist nicht sichtbar. Es sind geistliche Dinge.

Trotzdem glauben die Menschen an die schädliche Strahlung und an den Schutz den das Amulett, das Armband oder die Kette bringen soll. Sie glauben daran, obwohl sie es nicht sehen können. Andere Menschen kaufen sich Steine, weil diesen Steinen eine bestimmte Wirkung zugeschrieben wird, wie Freude, Charisma, Liebe, Durchsetzungskraft usw. Sie glauben, wenn sie diesen Stein haben, dann können sie sich z.B. besser durchsetzen, haben mehr Freude, bekommen mehr Liebe oder mehr Ausstrahlung.

Sie tragen diesen Stein am Körper oder stellen ihn in ihrer Wohnung auf, weil sie sich von der Wirkung, der diesem Stein zugeschrieben wird, eine Veränderung ihrer Persönlichkeit oder ihrer Lebenssituation erhoffen.

Sehen sie das was den Steinen zugeschrieben wird im Sichtbaren? Nein, aber sie glauben daran und sind von der Auswirkung der Steine überzeugt, d.h. sie glauben daran, obwohl sie es nicht sehen können.

Gott kann dich positiv verändern, wenn du ihm dein Ja dazu gibst.
Dein himmlischer Vater kann dich wirklich verändern.

Er kann aus einem freudlosen Menschen einen freudigen Menschen, aus einem schwachen Menschen einen starken Menschen, aus einem lieblosen Menschen einen liebevollen Menschen machen und aus einem Mauerblümchen einen Menschen mit einer Ausstrahlung die andere Menschen anzieht.

Ich habe es selbst an mir und auch an vielen Anderen erlebt, welche wunderbare Veränderung, welche positive Verwandlung Gott an jedem Menschen der Ja zu ihm sagt, bewirkt.
Ich habe mich in den letzten Jahren mehr verändert als in meinem ganzen Leben. Ich bin so voller Liebe, so voller Freude, so voller Leben wie ich es noch niemals war.

Meine Bitterkeit ist verschwunden, mein Lachen zurückgekehrt, ich bin mit Liebe gefüllt, ich bin erfüllt, die Freude ist in mein Leben zurückgekehrt, ich habe eine unbändige Lebensfreude, ich sprühe vor Leben, ich stehe fest, ich weiß wer ich bin, ich habe keine Angst mehr, ich fürchte mich nicht vor dem Tod. Ich weiß, wenn ich sterbe, dann bin ich bei meinem geliebten Papa im Himmel.

Diese Veränderung, diese Verwandlung war nicht schwer und mühsam. Ich musste sie nicht selbst erkämpfen; davon abgesehen, hätte ich das niemals selbst machen können. So etwas ist dauerhaft unmöglich aus eigener Kraft zu schaffen.

*Menschlich gesehen ist es unmöglich, aber nicht für Gott. Bei Gott ist alles möglich.*

(Markus 10,27)

Gott hat es in mir bewirkt, als ich ihm mein JA gegeben habe, denn er will dass es mir gut geht, dass ich jetzt schon den Himmel auf Erden habe.
Ich habe kein Monopol, kein alleiniges Anrecht auf Gottes Liebe oder bin gar sein spezielles Lieblingskind. Er möchte, dass es allen Menschen gut geht, er will, dass es auch dir gut geht. Du bist sein Augapfel, den er über alles liebt und dem er alles geben will.

*All denen aber, die ihn aufnahmen und an seinen Namen glaubten, gab er das Recht, Gottes Kinder zu werden.*

(Joh. 1, 12)

Jesus ist gekommen, damit jeder sein Leben haben kann, ja zu ihm sagen kann und damit ein Kind Gottes werden kann.

*Ja, ich bin das Tor. Wer durch mich hineingeht, wird gerettet werden. Wo er auch hinkommt, wird er grüne Weiden finden. Ich aber bin gekommen, um ihnen das Leben in ganzer Fülle zu schenken.*

(Joh. 10,9, 10)

In Jesus ist unser Leben ein
Leben voller Kraft und Stärke
Leben voller Freude
Leben voller Liebe
Leben voller Gesundheit
Leben voller Fülle
Leben voller Ruhe und Frieden
Leben in Freiheit
Leben in voller Blüte
Leben ohne Kampf
Leben ohne Verstellung
Leben, das völlig neu ist
Leben, das sich entfalten und aufblühen kann
Leben im Überfluss
Leben das quicklebendig ist
Leben, echt und authentisch
Leben in der Gewissheit, absolut geliebt zu sein
Leben in der Gewissheit, absolut versorgt zu sein
Leben in der Gewissheit, absolut beschützt zu sein
Leben in der Gewissheit, nie mehr alleine zu sein
Leben in alle Ewigkeit

Jesus Christus ist der Weg, die Wahrheit und das Leben. Es gibt keinen anderen Weg außer Jesus, der dir das ewige Leben schenkt.

*Ja, ich bin das Tor. Wer durch mich hineingeht, wird gerettet werden. Wo er auch hinkommt, wird er grüne Weiden finden. Ein Dieb will rauben, morden und zerstören. Ich aber bin gekommen, um ihnen das Leben in ganzer Fülle zu schenken.*

(Johannes 10, 9,10)

Bei Gott ist alles so einfach. Gott ist nicht kompliziert. Gott ist die Liebe. Wenn wir zulassen, dass er uns lebt, dann wird unser Leben immer einfacher. Einfach? Was ist denn mit den 10 Geboten? Wie soll ich die denn alle halten? Das kann doch kein Mensch, das ist doch wirklich zu schwierig.

All' diese 10 Gebote sind zusammengefasst in dem einen Gebot das Jesus uns gab:

*Du sollst den Herrn, deinen Gott, lieben aus deinem ganzen Herzen und mit deiner ganzen Seele und mit deiner ganzen Kraft und mit deinem ganzen Verstande, und deinen Nächsten wie dich selbst.*

(Lukas 10,27)

Wir müssen uns nicht anstrengen, unseren wunderbaren Gott zu lieben und auch unsere Mitmenschen zu lieben, das geht nicht mit dem Verstand und auch nicht mit unserem Willen. Wenn Gott übernimmt, dann können wir sogar unsere Feinde lieben, weil wir nicht mehr mit unserer menschlichen Liebe lieben, sondern weil Gott mit seiner Liebe durch uns liebt.

Wenn Gottes Liebe dein Leben übernimmt, dann kannst du nicht mehr stehlen, nicht mehr töten, kein falsches Zeugnis mehr geben, nicht mehr ehebrechen.... Das alles kannst du dauerhaft nicht aus eigener Kraft bewirken, aber Gott kann es durch dich tun.

*Gott zu lieben heißt, seine Gebote zu befolgen, und das ist nicht schwer. Denn die Kinder Gottes besiegen diese Welt; sie siegen durch den Glauben an Christus.*
(1. Johannes 5, 3,4)

Siehst du, auch das ist ganz einfach und leicht. Vielleicht denkst du jetzt auch, das kann doch nicht sein, das gibt es ja gar nicht. Ich kann dir nur eines darauf antworten: Ich hätte mir niemals vorstellen können, was ich alles an Tollem, Wunderbaren und Herrlichen mit Gott erlebt habe und jetzt erlebe. Niemals hätte ich mir vorstellen können, dass ein Leben mit Gott so genial ist ich, die wirklich nichts aber auch gar nichts von Gott gehalten habe und überhaupt nichts von ihm wissen wollte.

Du kannst Gott, seine Liebe, das Erlösungswerk Jesu, den Heiligen Geist, sowie die Kraft Gottes nicht mit dem Verstand erkennen und begreifen. Wenn du Gott, diese neue Welt, dieses neue Leben wirklich kennen lernen willst, dann musst du es einfach selbst erleben. Gott kann man nicht durch Skepsis, Zweifel,

Zuschauen, Diskutieren, Abwägen und Beurteilen bzw. Verurteilen kennen lernen.

Es macht mir nichts aus, wenn du mich für eine komplette Spinnerin hältst, ich liebe dich trotzdem.
Du bist frei, du hast einen freien Willen, du darfst über mich denken, was du willst.
Du bist frei, genauso wie ich frei bin und es zugelassen habe, dass Gott in meinem Leben wirken darf und ich dadurch Gottes übergroße Liebe und sein machtvolles Wirken in meinem Leben erlebe.

# Dein Vater lädt Dich ein

Wenn du Gottes Liebe und ein neues Leben mit Gott, erleben und erfahren möchtest, dann lade ich dich ein, dein wahres Zuhause kennen zu lernen.

Ich lade dich ein, Gott, Jesus und den Heiligen Geist in dein Leben aufzunehmen. Es ist das Allerbeste, was du für dich und dein Leben tun kannst. Du spürst dieses Sehnen nach dieser Liebe in deinem Herzen und es gibt überhaupt gar nichts, wovor du dich in dieser Liebe fürchten musst.

Es ist ganz einfach. Bei Gott ist alles einfach, nichts ist kompliziert.

Wenn du das nicht möchtest – du bist total frei. Gott hat dir einen freien Willen gegeben. Du triffst diese Entscheidung, du sagst Ja oder Nein. Wenn du aus ganzem Herzen Ja sagst, dann bete einfach folgendes Gebet:

*„Vater, ich danke dir für deine Liebe. Ich glaube, dass du Jesus Christus, deinen Sohn, für alle Menschen zur Erlösung hingegeben hast. Ich glaube an dich, an Jesus Christus und an den Heiligen Geist. Ich bitte dich, mir all' meine Sünden, die ich*

*begangen habe zu vergeben und ich danke dir für deine Gnade, die jetzt wirksam ist. Ich will dich in mein Leben aufnehmen. Ich bitte dich, komm' jetzt in mein Leben.*

*Ich will dich kennen lernen, ich bin bereit, mich dir zu überlassen. Danke Vater, dass es jetzt vollbracht ist. Danke, dass du jetzt in mich eingezogen bist und ich freue mich auf dieses neue Leben in dir.“*

Das war doch ganz einfach. Jetzt hast du den Vater, den Sohn und den Heiligen Geist in dein Leben aufgenommen, jetzt hast du dieses göttliche Leben in dir. Bitte sie darum, dass sie dich lehren, dass sie dir Erkenntnis und Offenbarung geben. Sprich' mit ihnen, so wie du auch mit deinem Partner oder deinen Freunden reden würdest.

Eine Beziehung mit Gott hat nichts mit Unterwürfigkeit zu tun, du brauchst nicht vor ihm her um zu kriechen. Du bist jetzt ein Kind Gottes. Und ein Kind kommt zu seinem Vater und spricht klar und deutlich mit ihm. Es hat keine Angst vor seinem Vater.

Oder bist du als Kind, wenn du Hunger hattest, zu deinen Eltern gegangen und hast gesagt: Oh hoch verehrter gnädiger Vater, hoch verehrte gnädige Frau Mutter, hättet ihr eine Minute eurer wertvollen

Zeit für mich? Ich weiß ja, dass ihr mich liebt, aber ich bin ja so unwürdig, aber bitte bitte bitte hättet ihr Erbarmen mit mir – aber nur, wenn es euch nicht zuviel Umstände bereitet - und würdet ihr mir etwas zu essen geben, ich habe so schrecklichen Hunger.

Nein, du bist zu deinem Papa oder zu deiner Mama gegangen und hast gesagt: Ich habe Hunger, ich will etwas zu essen und sie haben dir Essen gegeben, um deinen Hunger zu stillen. Und genauso ist dein Papa, er gibt dir das Beste, um deinen Hunger zu stillen, um deinen Nöten zu begegnen. Er lässt dich niemals leiden.

Ich empfehle dir, dir eine Gemeinde zu suchen, wo du das Wort und den Geist bekommst, eine Gemeinde in der die Freude, die Liebe und Freiheit Gottes zuhause sind und wo du spürst und erfährst, hier ist Gott.

Ich und der ganze Himmel freuen sich so sehr, dass du jetzt in dieses neue himmlische Leben eingetreten bist.

Geh' vorwärts in diesem Leben, bleibe nicht stehen. Gehe weiter mit deinem himmlischen Papa, es gibt noch so viel mehr was er dir geben will. Es gibt nichts in seinem Reich wovor du dich fürchten musst. Er hat nur Liebe für dich. Es wird einfach wunderbar werden mit deinem Papa und mit dir.

*Und ich bete, dass Christus durch den Glauben immer mehr in euren Herzen wohnt und ihr in der Liebe Gottes fest verwurzelt und gegründet seid. So könnt ihr mit allen Gläubigen das ganze Ausmaß seiner Liebe erkennen. Und ihr könnt auch die ganze Liebe Christi erkennen – die größer ist, als ihr je begreifen werden – damit der Reichtum Gottes Euch immer mehr erfüllt.*

(Epheser 3, 17-19)

# Nachtrag - 5 Jahre später

Heute ist der 14. Juli 2015 – 6 Jahre nachdem ich dieses Buch geschrieben habe.

Gibt es Gott immer noch in meinem Leben? JA, mehr denn je. Es ist der Hammer, den Himmel auf Erden gibt es wirklich und Gott gibt mir immer mehr davon. Wir müssen nicht mehr warten bis wir sterben um den Himmel erleben zu dürfen. Wir können jeden Tag dieses unbeschreiblich erfüllte, glückliche und spannende Leben in Christus genießen.

Wie sieht mein Leben heute aus? Ein wunderschönes Leben in Jesus Christus, in seiner Herrlichkeit, totalerfüllt, voller Glück, voller Leben, voller Liebe und Güte, voll überschäumender Freude, voller Ruhe und Frieden, voller Herrlichkeit, voller Klarheit und frei von quälenden Gedanken und Angst. Gott ist da, er ist präsenter denn je.

Gibt es keine Umstände mehr in meinem Leben? Doch, diese wird es immer geben. Aber ich habe einen Papa der mich liebt, dem ich alles abgeben kann, was mich bedrücken will, einen Herrn, Jesus Christus, der mich erlöst und mir dadurch dieses wunderbare Leben wie im Himmel so auf Erden ermöglicht hat und den genialen Heiligen Geist, der mich leitet und führt.

Mein Leben ist in Gott, mein Leben in IHM ist die totale Erfüllung für mich und es ist das was mich unendlich glücklich macht.

Ich weiß, dass es in meinem Leben immer aufwärts gehen wird ich gehe gemeinsam mit meinem Mann von Kraft zu Kraft, von Herrlichkeit zu Herrlichkeit, wir wissen mit absoluter Gewissheit, dass wir nur immer aufwärtssteigen werden. Wir haben einen Herrn, der Jesus Christus heißt.

*Aber es ist passiert, wie es in der Schrift heißt: Kein Auge hat je gesehen, kein Ohr je gehört und kein Verstand je erdacht, was Gott für diejenigen bereithält, die ihn lieben.*

(1.Korinther 2,9)

Bin ich abgehoben? Nein. Ich kenne die Wahrheit. Ich habe das Erlösungswerk von Jesus Christus angenommen und in dieser Wahrheit stehe ich und in dieser Wahrheit, in Jesus Christus, bin ich fest verwurzelt. Ich lebe dieses erlöste Leben hier auf der Erde in der Herrlichkeit meines Herrn – wie im Himmel so auf Erden. Und damit gebe ich ihm Ehre; er freut sich darüber.

Ich habe keine Angst vor Krankheit, keine Angst vor dem Tod. Mein Herr, Jesus Christus, hat all‘ meine Krankheiten vor über 2000 Jahren besiegt, ich werde gesund und nicht gebrechlich sein, egal wie alt ich sein werde. Ich weiß, dass ich gesund nach Hause gehen werde und zwar zu dem Zeitpunkt an dem ich nach Hause gehen will.

**Ein Leben in Gott ist ein übernatürliches gesegnetes Leben voller Herrlichkeit schon in diesem Leben auf der Erde und es hört nicht auf, es geht - auch nachdem mein Körper gestorben ist – weiter bis in alle Ewigkeit.**

*Ja, ich bin das Tor. Wer durch mich hineingeht, wird gerettet werden. Wo er auch hinkommt, wird er grüne Weiden finden. Ein Dieb will rauben, morden und zerstören. Ich aber bin gekommen, um ihnen das Leben in ganzer Fülle zu schenken.*

(Johannes 10, 9,10)

# Jesus lebt, ER ist die wahre Wirklichkeit!

ISBN 978-3-7418-2544-6
9 783741 825446 00001
www.epubli.de